IR 4
723 bis

TEXTE

DE LA

CARTE DE LA GUERRE

EN ITALIE

BULLETIN OFFICIEL DE L'ARMÉE

PREMIÈRE SÉRIE

Du N° 1 au N° 50

Prix : 30 centimes

PARIS

AU DÉPOT GÉOGRAPHIQUE, 18, RUE DE L'ANCIENNE-COMÉDIE

FAUBOURG SAINT-GERMAIN

1859

BULLETIN OFFICIEL

DE L'ARMÉE

Nº 1. Turin, 29 avril au soir. Aujourd'hui, les Autrichiens ont passé le Tessin sur divers points. On n'en connaît pas le nombre ni la direction précise. L'arrivée des troupes françaises continue à Gênes. A Suse est arrivée la première colonne des troupes descendues du mont Genève. L'arrivée des Français continue également par le mont Cenis.

Nº 2. Turin, 30 avril au matin. La division entière Bouat est arrivée. C'est la première qui ait passé le mont Cenis. Elle a été accueillie avec un véritable enthousiasme par toute la population, qui est accourue en foule à sa rencontre. La garde nationale lui a rendu les honneurs militaires. La tenue des troupes était admirable. Le roi s'est rendu hier à la Dora, en compagnie du maréchal Canrobert et du général Niel. Il est inutile de dire qu'il a été acclamé par la troupe.

Il n'est pas certain que les Autrichiens se soient avancés pendant la nuit sur notre territoire. Ils n'ont pas commencé la construction de ponts sur le Pô; mais ils continuent à se grossir sur le territoire de Plaisance. Les dernières nouvelles portent que les Autrichiens ont débarqué à Arona; ils passent le Tessin au port d'Abbiategrasso, s'organisant à Cassolo.

Le général de Mac Mahon est arrivé à Gênes. Aujourd'hui commence la marche des troupes françaises de Gênes.

Nº 3. Turin, 30 avril au soir. — Les Autrichiens se concentrent à Pavie, où se trouve l'état-major général. Les avant-postes de cavalerie étaient ce matin à Vespolate et Cerano; de grosses colonnes s'avancent sur Mortara. Un détachement de cavalerie, la nuit dernière, s'est avancé jusqu'à Gropello et Zinasco. Il est arrivé aujourd'hui à Turin une batterie d'artillerie française. Des troupes françaises ont été destinées à faire partie de la garnison de Casale. A Gênes sont arrivés cinq vaisseaux français et une corvette.

Massa et Carrare, qui se sont prononcés spontanément et sans aucune collision pour la cause nationale, ont proclamé la dictature du roi Victor-Emmanuel. Cette population étant menacée par une colonne de troupes de la maison d'Este, le gouvernement, qui se considère comme étant en état de guerre avec le duc de Modène, a envoyé des forces militaires pour les protéger et maintenir la tranquillité publique.

Nº 4. TURIN, 1ᵉʳ mai au matin. — S. M. le roi, avec l'état-major, est parti à neuf heures pour prendre le commandement de l'armée. Hier, à trois heures de l'après-midi, Novare a été occupé par les Autrichiens qui s'avancent sur Verceil. A Arona, les Autrichiens ont brisé les fils électriques et sont repartis. Ils se sont massés à Vigevano, ayant leurs avant-postes sur le pont de Terdoppio à San Marco.

De Turin sont parties, ce matin, des troupes françaises pour Alexandrie. D'autres troupes de ligne arrivent avec deux batteries.

Nº 5. TURIN, 1ᵉʳ mai au soir. — Mortara a été occupé hier par 2,000 Autrichiens; du côté de Novare il n'y a que 400 hommes d'infanterie et 50 hommes de cavalerie. L'ennemi n'a fait aucun mouvement remarquable sur Verceil. Presque toutes les troupes en garnison à Plaisance sont parties, et les autorités autrichiennes ont proclamé l'état de siége. Les troupes arrivées à Corte Olona sont parties pour Pavie. Le général Giulay assistait au Gravellone, à leur passage. Il paraît que l'ennemi se concentre sur la rive gauche du Pô.

Des honneurs funèbres ont été rendus à Suse au général français Bouat. Les autorités civiles et militaires et la garde nationale y ont participé. La perte de cet officier distingué cause une profonde douleur à tous ceux qui l'ont connu. L'arrivée des troupes françaises à Turin et à Gênes et leur départ successif continuent aux acclamations enthousiastes de la population.

Nº 6. Turin, 2 mai au matin. — Le mouvement des troupes autrichiennes continue vers la Sesia. Verceil, d'après les dernières nouvelles, n'était pas occupé. Aucun indice jusqu'ici de mouvement de l'ennemi sur la rive droite du Pô.

L'arrivée des Français continue. Les Autrichiens ont augmenté la garnison et le matériel de guerre d'Ancône.

Nº 7. TURIN, 2 mai au soir. — Les Autrichiens ont occupé Verceil; ils s'apprêtent à jeter un pont sur la Sesia. La grande armée ennemie reste toujours concentrée sur la rive gauche du Pô. Pontremoli s'est soulevée aux crix d'*Italie* et de *Victor-Emmanuel!*

Nº 8. — Environ 15,000 Autrichiens sont arrivés dimanche soir à Sonnazzaro. Le général Schwarzemberg a passé la nuit à Lomello. Une forte réquisition a été ordonnée à Mède. Le maire a été arrêté et conduit au quartier général pour n'avoir pu remettre à temps les vivres demandés.

La vallée de la Scrivia est fortement occupée par les Français. Les Autrichiens sont entrés à Modène et à Reggio.

N° 9. Turin, 3 mai au soir. — Les Autrichiens ont passé un bras du Pô à Cambio ; ils ont aussi tenté de jeter un pont sur la Sesia, mais la crue des eaux les en a empêchés.

Partout où ils passent ils font de très fortes réquisitions, avec menace d'une amende quintuple de la valeur des vivres qu'ils demandent.

Rien de nouveau du côté de Verceil. Nos troupes continuent d'occuper les positions conjointement avec les troupes françaises.

N° 10. Turin, 4 mai au matin. — Hier soir, les Autrichiens construisaient des ponts sur les deux bras du Pô ; l'un de ces bras est appelé Tanaro, parce qu'il formait l'ancien lit du Tanaro.

Ces ponts donnent sur la route nationale qui de Tortona conduit à Alexandrie.

Hier, 150 Autrichiens ont passé la Sesia à Caresano ; ils se sont portés à Villanova de Casale ; ils s'y sont arrêtés quelques heures, puis ils ont repassé la rivière.

Dans la soirée, un détachement est arrivé à Terranova, et a fait une forte réquisition de vivres et de voitures.

Il continue de passer des troupes françaises et du matériel de guerre par Turin, et il en arrive à Suse.

N° 11. Turin, 4 mai au soir. — L'ennemi a fait jouer pendant toute la journée du 3 son artillerie dans la direction de Valenza, sans aucun résultat, et s'est avancé de Cambio dans la direction de Sale.

Sur la gauche du Pô, il s'est avancé jusqu'à Trino. Il a tenté aussi, mais en vain, de passer le Pô sous Frassinetto ; de notre côté, il y a eu une vingtaine de morts et blessés.

A Parme, l'approche des troupes autrichiennes du côté de Modène a engagé quelques officiers à arborer de nouveau le drapeau ducal. D'autres officiers se sont retirés sur le territoire sarde.

N. B. Dans le bulletin précédent, on a dit par erreur la route de *Tortona* à *Alexandrie*, au lieu de *Tortona* à *Mortara*.

N° 12. Turin, 5 mai au matin. — La tentative de passage du Pô à Frassinetto a eu lieu le 3. Le feu a commencé à cinq heures du matin et duré jusqu'à huit heures du soir. Il a recommencé hier à deux heures, et il a duré pendant tout le reste de la journée. Nous avons eu peu de blessés. L'ennemi a beaucoup souffert. Les Autrichiens, au nombre de 4,000, tant infanterie que cavalerie, étaient à Castelnuovo-Scrivia.

N° 14. Turin, 6 mai au matin. — Les Autrichiens se sont renforcés à Verceil. Hier, à six heures du soir, ils ont occupé Trino et

Pobiello, à un mille de distance de Trino, vers le Pô. Quelques avant postes sont à Tranzaro.

La nuit dernière, ils ont évacué la ville de Tortone, et ils ont campé en dehors de la porte Casteluovo i Scrivia. Ils ont requis 50,000 rations de pain, vin, etc., sous peine du quintuple de la valeur.

A Plaisance, le commandant supérieur de l'armée autrichienne a ordonné la démolition de tous les édifices compris dans le rayon des fortifications. Après de nombreuses remontrances, il a été obtenu qu'actuellement on épargnerait les villages de Santo Antonio et de San Lazaro, en considération du collége d'Alberoni qui y est situé.

Il est arrivé aujourd'hui à Suse de l'artillerie et de la cavalerie françaises.

N° 15. Turin, 6 mai au soir. — Ainsi que l'a annoncé la *Gazette piémontaise*, une patrouille des nôtres s'est emparée hier soir du bois que l'ennemi avait fait transporter sur la rive de la Sesia pour jeter un pont entre Terra-Nova et Candia. Le corps ennemi qui avait occupé hier Trino et Pobiello s'est retiré sur Verceil. Les Autrichiens, dans cette journée, ne se sont pas avancés sur la Dora. L'ennemi a évacué Castelnuovo-Scrivia, se dirigeant sur Casei, Gerola et Portecurone. A l'église della Croce, ils ont pratiqué des meurtrières et ils préparent l'incendie du pont. Il est arrivé à Turin de nouvelles troupes françaises, infanterie et artillerie.

N° 16. Turin, 7 mai au matin. — Ce matin, le général La Marmora s'est rendu sur la Dora. Aucun mouvement notable de la part de l'ennemi. Les pouvoirs du commissaire royal, M. Tecchio, sont étendus à la province d'Ivrée.

N° 17. Turin, 7 mai au soir. — Les Autrichiens ont évacué hier précipitamment Voghera, laissant derrière eux les vivres qu'ils avaient exigés. Pontecurone est également libre. Le pont de bois sur la Scrivia, près Tortona, a été rétabli par les nôtres. Les ennemis ont repassé le Pô à San Gerola, sur le pont qu'ils avaient construit et qu'ils ont ensuite détruit, se maintenant dans les bois de la rive gauche.

Rien de nouveau du côté de Valenza ni de Bassignana.

Les troupes qui étaient à Verceil ont évacué ce matin la ville, sous les ordres d'un général de division, se dirigeant vers Gallina. D'autres troupes sont allées à Verceil.

Un petit nombre de cavaliers ennemis se sont fait voir aujourd'hui à Santhia. Il résulte de rapports dignes de foi que les Autrichiens tentent de se fortifier sur la Sesia, près le pont de Verceil; ils ont mis en réquisition 900 travailleurs; la moitié travaillent le jour, l'autre moitié la nuit.

N° 18. Turin, 8 mai au matin. — Avant-hier, le général Cialdini a poussé une reconnaissance dans la direction de Verceil : nous n'en connaissons pas le détail. Nos chevau-légers ont fait quelques prisonniers tyroliens dans les environs de Sale.

Des actes coupables continuent d'être commis par les Autrichiens, qui font cette guerre plutôt en pillards qu'en soldats. A Verceil, ils ont mis une réquisition de 300,000 livres, du cuir, 6,000 chemises, de la toile pour autant, 100 rations de fourrage pendant cinq jours et 300 sacs de riz. A Biella, après jugement d'un conseil de guerre prononcé à l'unanimité, a été fusillé Enrico Dossena, de Pavie, espion de l'ennemi.

N° 19 . TURIN, 8 mai au soir — Hier au soir, un corps de 3,000 Autrichiens environ a passé à Quinto, se rendant à Buranzo.

L'ennemi continue de se fortifier à Verceil, sur les deux rives de la Sesia ; il se fortifie aussi à Germono, avec des avant-postes à Santhia. Des troupes qui, la nuit dernière, étaient à Velligne, Carisio et Casanova, se sont dirigées ce matin sur Saluzzola.

Les Autrichiens ont poussé une reconnaissance sur la tête de pont de Casale. Attaqués vivement par les nôtres, ils se sont retirés.

N° 20. TURIN, 9 mai au matin. — Il paraît que l'ennemi se dirige sur Ivrée, venant du chemin de La Perra, et s'approche de nouveau de la rive gauche du Pô. Hier, 15,000 Autrichiens sont arrivés à Sannazzaro, se dirigeant vers Valenza par Pievedel Civero. 400 sont arrivés à midi à Mezzonobigli.

Les Autrichiens ont fait sauter les deux premières arches de la rive gauche du pont de Valenza.

N° 21. TURIN, 9 mai, soir. — Les ennemis, qui, au nombre de 24,000 hommes d'infanterie et 300 chevaux, avaient occupé un moment Biella, s'en sont retirés ce matin à huit heures. Le maire de Cavoglia a été maltraité par eux, parce qu'il n'avait pas dénoncé la présence de quelques-unes de nos troupes dans le voisinage. Des éclaireurs autrichiens s'étaient avancés jusque sur la Serra. Ayant appris les préparatifs de défense des troupes et du peuple à Ivrée, ils se sont retirés. Il en a été de même du détachement autrichien qui avait occupé Mongrando. La nuit dernière, les Autrichiens ont fait réparer la route de Tronzano, et ils ont envoyé des reconnaissances dans la direction de Cigliano. Notre artillerie, avec quelques coups de canons, les a repoussés. Il y a eu aussi une légère escarmouche entre deux patrouilles de cavalerie. Le commandement des troupes destinées à la défense de la capitale a été confié au général de Sonnaz.

N° 22. TURIN, 10 mai, matin. — Les Autrichiens qui étaient à Tronzano, au nombre de 8,000 hommes environ, avec 25 pièces d'artillerie, se sont retirés hier à une heure de l'après-midi. Ils avaient ordonné de faire réparer le chemin de fer de Livorno (où ils étaient arrivés en petit nombre) à Sattuggia, et la route carrossable de Livorno à Crescentino; mais ils ne se sont pas avancés. Ils ont tenté vainement de construire de nouveau un pont dans le voisinage de Gerola, sur le Pô, et quelques soldats sont passés sur la rive droite. Rien de nouveau sur la ligne de Valenza à Bassignona. Nous apprenons que de nombreux chariots de blessés autrichiens ont repassé le Gravellonne, où les ennemis continuent de construire des ouvrages de défense.

N° 23. Turin, 10 mai, soir. — L'ennemi a évacué Liverno, Tranzano, Sunthia, Cavaglia, Saluzzola avec tant de précipitation qu'en certains endroits il a abandonné les vivres qu'il avait requis.

Une dépêche télégraphique de l'intendant de Casale porte : « Verceil a été évacué par les Autrichiens; ils ont commencé à se retirer hier à midi. Leur passage sur la Sesia a continué jusqu'à 3 heures 1/2. Ce matin, ils se sont retirés en toute hâte de Caresana et Stroppiana. A Stroppiana, il y avait hier une forte colonne sous les ordres de 4 généraux. On remarquait une grande consternation parmi les officiers. Hier a été arrêté près Crescentino un éclaireur autrichien. Cette nuit il s'est sauvé. »

N° 24. Turin, 11 mai, matin. — Il résulte de nouvelles reçues postérieurement à celles publiées dans le bulletin ci-dessus que l'arrière-garde était encore hier soir à Verceil.

N° 25. Turin, 11 mai, soir. — Les Autrichiens, qui sont restés à Verceil ont fait ce matin des excursions vers Desana.

Hier sont rentrés à Pavie, venant de Gravellone; deux batteries et trente voitures de malades et blessés.

N° 26. Turin, 12 mai, matin. — Dans la journée d'hier, 3,000 Autrichiens environ ont passé le Pô à la Stella, le commandant général restant à la Becca sur la rive gauche du fleuve. L'artillerie de siége, un régiment d'infanterie et un détachement de chasseurs ont repassé la Gravellone, se dirigeant vers Casal Pasterlengo.

Environ 4,000 hommes étaient entre Castel et Giovanni et Borgonuovo. Le maire de Stradella avait reçu de l'ennemi l'injonction de réparer le chemin national qui conduit à Plaisance. De nombreuses troupes ennemies sont concentrées entre Mortara, Palestro et Robbio. Elles ont retiré les deux ponts qu'elles avaient jetés sur la Sesia, dans le voisinage de Palestro. Le quartier-général autrichien est à Mortara.

N° 27. Turin, 12 mai. — On annonce de San Germano que ce matin un détachement de Savoie-cavalerie, sous les ordres du sous-lieutenant Sponi, a rencontré une patrouille de hussards Kaisser; il l'a mise en fuite, après lui avoir tué un soldat et fait un prisonnier.

N° 28. Turin, 13 mai. — Avant-hier, 600 Autrichiens ont occupé

Rivergaro, le long de la Trebbia, sur la route de Plaisance à Bobbio.
On mande de Broni qu'hier a commencé le passage de l'artillerie
ennemie sur le pont de la Stella; on croyait que ces forces se diri-
geaient sur Stradella. — Rien de nouveau du côté de Verceil. —
Notre quartier-général a été transféré à Occimiano.— On annonce
l'arrivée prochaine d'un nouveau corps nombreux de Français.

N° 29, Turin, 13 mai au soir. — L'ennemi se renforce à Castel
San Giovanni, sur la route de Plaisance à Stradella. Ses avant-
postes sont près du torrent de Bardonnezza. Il défend le pont de la
Stella avec six petits forts. Ses avant-postes, en ce lieu, sont à San
Cipriano et au Gicsolo. Deux ponts, pour assurer sa retraite, sont
construits à Vigevano, après la Molta Visconti.

De Lomellina retournent à Pavie des troupes et de l'artillerie. On
élève des fortifications provisoires au Gravellone, à Codulunga, au
Portighetto et à la Batella.

Aujourd'hui, à onze heures, les Piémontais ont poussé une forte
reconnaissance aux Cassines de Stra. L'ennemi n'a pas répondu à la
canonnade de l'artillerie. Nos troupes ont ensuite repris leurs positions.

N° 30, Turin, 14 mai au matin. — Les Autrichiens ont occupé
Bobbio. Des patrouilles autrichiennes sont venues à Broni, Bres-
sona, Argine et Casteggio. Partout ils ont fait de fortes réquisitions.
Rien de nouveau du coté de Verceil.

N° 31, Turin, 14 mai au soir. — Les Autrichiens se sont retirés
précipitamment de Bobbio. Les autorités et les carabiniers qui s'é-
taient transportés à Tortona, sont retournés sur-le-champ à leur
poste. Du côté de Verceil, les nôtres ont poussé une deuxième et
plus forte reconnaissance au-delà des casernes de Stra. Cette fois
encore, l'ennemi n'a pas bougé de ses positions.

L'Empereur des Français a transporté son quartier général à
Alexandrie. Sa Majesté a traversé la ville à cheval, ayant à ses côtés
le maréchal Canrobert, et suivie de nombreux généraux français et
sardes. L'arrivée de l'Empereur a été fêtée par de chaleureuses
démonstrations d'honneur et d'allégresse publique. Un arc de triom-
phe portait l'inscription : « A l'héritier du vainqueur de Marengo ! »
S. M. le roi, arrivé au même moment à Alexandrie, est allé à la
rencontre de l'Empereur.

N° 32, Turin, 15 mai au matin. — Voici les détails sur l'affaire
de Bobbio :

Le 13, à une heure et demie du matin, 200 Autrichiens sont
entrés à Bobbio. Arrivés sur la place, ils se sont divisés en patrouilles. Une de ces patrouilles, à mi-chemin de la Porta-Nuova,
a rencontré un détachement de la garde nationale sous les ordres du
sous-lieutenant Louis Losio.

Les nôtres ont crié : *Qui va là ?* L'ennemi a répondu par une décharge qui a blessé Losio à un pied. Les gardes nationaux ayant fait feu et blessé un officier et un soldat, les ennemis se sont sauvés en si grande hâte, qu'à cinq heures ils rentraient à Mezzano-Scotta, d'où ils étaient partis à huit heures ; ils traversaient la Terrebbia à Ambrisco ; en se retirant vers Rivergaro, ils ont emmené de force un nommé Mozzi, tailleur.

Lorsque l'on a eu la nouvelle que les Autrichiens éta iet àB obbio, il est parti beaucoup de monde de Varzi et d'autres pays pour se réunir à la garde nationale.

Hier, 13, il y a eu un grand mouvement des troupes autrichiennes près du pont de la Stella, à la gauche du Pô.

A Stradella, les ennemis font des réquisitions insupportables ; ils ont ordonné qu'un agent de la municipalité se rendît à Pavie pour acheter les articles requis que l'on ne trouve pas dans le pays. Un général et quelques officiers ont vainement cherché à soulever les pauvres contre les riches.

N° 33. Turin, 15 mai au soir. — A l'exception de quelques mouvements des Autrichiens, de Stradella vers Voghera, et des réquisitions de barques faites sur le lac Majeur, il n'est parvenu à notre connaissance aucune autre nouvelle.

N° 34. Turin, 16 mai au soir.—Près de Voghera, un détachement de notre cavalerie a rencontré quelques hussards ; il a fait prisonnier un caporal et blessé un soldat. Les Autrichiens se sont retirés au delà de Casteggio, mettant en liberté le maire de Broni. Rien de nouveau du côté de Verceil.

N° 35. Turin, 17 mai au matin. — Le maire de Barbianello et quelques adjoints des villes voisines ont été arrêtés par les Autrichiens pour n'avoir pas voulu se prêter à requérir les habitants de faire des terrassements, afin d'empêcher que le pont de Stella fût emporté par la crue des eaux du Pô. Les ennemis forcent à travailler même les femmes et les enfants. Les troupes autrichiennes sur la droite du Pô sont massées en partie au pont de la Stella, et en partie entre Broni et Stradella.

N° 36. Turin, 17 mai au soir.—Il résulte des nouvelles reçues que les Autrichiens placés sur la rive droite du Pô jusqu'à Castel San Giovanni sont au nombre de 12,000 hommes d'infanterie environ avec peu d'artillerie. Ils travaillent toujours à assurer et munir ļe pont de la Stella, faisant des réquisitions d'hommes dans les communes voisines. Les avant-postes ennemis du côté de Verceil sont à Quinto.

N° 37. 18 mai au matin.— Hier, l'Empereur a rendu visite au roi dans son quartier général d'Occimiano.

N° 38. **Turin**, 18 mai au soir. — Dans la nuit du 16 au 17, une centaine d'Autrichiens ont tenté de s'emparer d'un petit poste de huit hommes sur le pont de Valence. Le petit poste s'est replié, en faisant feu, sur une compagnie de soutien. Les ennemis se sont retirés.

Ce matin, avant le jour, l'artillerie autrichienne s'est mise à canonner quelques barques qui étaient à sec sur la rive droite du Pô, près le chemin de fer d'Alexandrie à Mortara; le feu a duré jusqu'à six heures du matin, mais sans aucun résultat. A Verceil, Novare et dans d'autres lieux, les Autrichiens continuent, avec les menaces ordinaires, leurs énormes spoliations.

Une escadre française est déjà dans les eaux de Venise.

N° 39. 19 mai au soir. — Hier, dans la soirée, quelques détachements autrichiens se sont avancés jusque près de Capriasco, enlevant quarante têtes de bétail et tirant des coups de fusil contre les paysans.

Cette nuit, les Autrichiens ont abandonné Verceil.

L'armée piémontaise et le roi Victor-Emmanuel s'y sont portés de suite et l'ont occupé.

Nos avant-postes sur la droite ont dépassé Voghera.

N° 40. **Turin**, 20 mai, au soir. — Une colonne d'Autrichiens, forte de 12,000 hommes, s'est avancée aujourd'hui de Stradella dans la direction de Casteggio. Les habitants de cette ville, depuis mercredi, avaient barricadé les rues et repoussé trois petites attaques, tuant un officier et blessant plusieurs soldats. Deux fortes colonnes des nôtres se sont portées aujourd'hui à la rencontre de l'ennemi, et nous avons la nouvelle que des prisonniers autrichiens ont été conduits à Voghera. Les détails de ce fait d'armes manquent.

N° 41. **Turin**, 21 mai au matin. — Hier, à onze heures, les Autrichiens au nombre de 15,000 ont attaqué Casteggio et Montebello, occupés par la cavalerie sarde. Le maréchal Baraguey d'Hilliers a fait sur le champ avancer la division Forey. Après un combat acharné de 6 heures, les Autrichiens ont été repoussés, et Montebello a été réoccupé par les alliés qui ont fait 200 prisonniers, parmi lesquels est un colonel. La division Forey s'est comportée admirablement; la cavalerie sarde, sous les ordres du colonel de Sonnaz, maintenant son ancienne réputation, a fait preuve de la plus rare énergie. Les alliés ont environ 500 morts et blessés. Le colonel Morelli, commandant les chevau-légers Montferrat, a été blessé mortellement.

Le général Beuret, les commandants Duchet et Lacretelle sont morts; les colonels Guyot, Desparres, de Bellefonds, Duménil et le commandant de Ferussac, ont été blessés. Le général Forey s'est distingué d'une manière toute particulière. Les pertes de l'ennemi ont été très considérables. Dès hier au soir il était en pleine retraite. Hier au matin, à quatre heures, l'Empereur des Français a été à

Casale. De retour à Alexandrie à huit heures, il a été visiter le champ de bataille de Marengo.

On doit remarquer que les deux bulletins qui précèdent répètent littéralement les deux dépêches télégraphiques publiées d'après le *Moniteur*, le 21 et le 22. Seulement le bulletin n° 41 parle de la mort du commandant Lacretelle, que le *Moniteur* indique comme blessé. Le bulletin que nous avons donné hier avec le n° 40 prendra le n° 42 dans l'ordre de publication de cette nature de documents.

N° 42. TURIN, 21 mai au soir. — Voici d'autres détails sur la bataille d'hier. Le colonel brigadier de Sonnaz couvrait depuis quelques jours la droite des alliés jusqu'à Casteggio. Hier, à onze heures, deux fortes colonnes ennemies ont attaqué nos chevau-légers, qui, après avoir opposé une résistance obstinée, se sont repliés sur Fossagazzo, où se trouvait un corps d'infanterie française. Nos chevau-légers, en retournant six fois à la charge, ont retardé la marche de l'ennemi. Une partie de la division Forey est alors entrée en ligne, et combattant à la baïonnette, soutenue par des charges impétueuses de notre cavalerie, au cri de « Vive l'Empereur ! vive le Roi ! » elle a repris Genestrello et Montebello, où les ennemis s'étaient retranchés dans les maisons et dans le cimetière. Le combat a duré six heures. Les nôtres ont poursuivi les vaincus jusqu'à Casteggio. L'ennemi a laissé un grand nombre de morts sur le terrain et 200 prisonniers, parmi lesquels sont 140 blessés. On croit que leur perte n'est pas au-dessous de 2,000 hommes.

Des nouvelles arrivées de Voghera ce matin, à onze heures affirment que l'ennemi se retire en pleine déroute vers Stradella. De nombreuses voitures de blessés et beaucoup de troupes ont passé ce matin le pont de Stella, battant en retraite.

Pendant ce temps, à l'extrême gauche de notre armée, le général Cialdini, par une habile manœuvre et avec une grande hardiesse, a forcé ce matin le passage de la Sesia près Verceil. L'ennemi s'est mis en fuite, laissant entre nos mains des officiers et soldats prisonniers, ainsi que des armes, des voitures et des chevaux. Le 10ᵉ d'infanterie et la cavalerie se sont distingués dans ce fait d'armes.

N° 43. TURIN, 22 mai au matin. — D'après les nouvelles reçues depuis la publication des bulletins, nous relevons les détails suivants sur l'important fait d'armes de la Sesia. Le général Cialdini, voulant s'emparer de la tête gauche du pont de Verceil, rompu par les Autrichiens, et protéger la construction d'un pont sur la Sesia, a mis en mouvement deux colonnes qui, passant la rivière, se sont réunies sur le même point. Une de ces colonnes s'était rendue à Albano ; elle avait passé à gué la Sesia. Assaillie par un grand nombre d'ennemis embusqués, elle a soutenu un combat très vif vers Villata, et dans son élan elle les a mis en déroute, et est parvenue à s'établir à Borgo Vercelli, ayant perdu peu de monde. L'autre colonne a passé à gué la Sesia aux Cappucchini Vecchi (Vieux-Capucins), surprenant deux compagnies ennemies ; elle s'y est établie.

La perte, de notre côté, a été légère ; celle des Autrichiens a été considérable ; ils ont laissé entre nos mains des prisonniers et des équipages. Dans ce fait d'armes se sont distingués, outre l'intrépide général, les tirailleurs, deux escadrons de chevau-légers d'Alexandrie, le régiment Piémont-royal et un bataillon du 10e.

Les soldats d'Este, la nuit dernière, ont abandonné Cuella et les deux fortins voisins, après avoir encloué les canons. Ils se sont retirés à Fevizzano.

La *Gazette piémontaise* publie, en outre, les bulletins suivants :

N° 44. TURIN, 22 mai au soir.—Les troupes d'Este ont abandonné Cuellà, Fivizzanno, Fosdinovo et les pays voisins, et se sont retirées par la route del Cerreto. Les habitants de ces villes ont, à l'unanimité, proclamé la dictature de Victor-Emmanuel. Le drapeau tricolore flotte sur toute la Lunigiana.

N° 45, TURIN, 23 mai au matin.—Hier, l'ennemi voulant empêcher la reconnaissance faite par Sa Majesté le roi, dans la direction de la Sesia, s'est montré en force à Palestro et dans d'autres endroits. Son artillerie a été partout vaincue par la nôtre et forcée à se taire. L'îlot en face de Terra Nova a été occupé par les troupes royales. Peu des nôtres ont été tués et blessés. Nous avons eu à déplorer, parmi ces derniers, le capitaine d'état-major Ferreri, qui a perdu une jambe. Dans une rencontre de cavalerie au delà de la Sesia, le capitaine Brunetta, de Nice-cavalerie, a été tué d'un coup de lance.

De nouveaux détails confirment la très belle conduite du 10e d'infanterie qui, passant avant-hier la Sesia, ayant de l'eau jusqu'à la ceinture, a attaqué vigoureusement l'ennemi à Torrione, qui compte beaucoup de morts. Nous avons fait des prisonniers.

Dans l'affaire de Montebello, ont été tués le colonel Morelli, les lieutenants Blonay, Scassi, Govone ; ont été blessés le capitaine Piola ; les lieutenants Ghigleni, Salasco, Milanesio et le sous-lieutenant Mayr. Le général de Sonnaz a eu une légère contusion au visage.

L'ennemi est en force à Mezzanino et à Vaccarezza.

On assure qu'à l'hôtellerie del Fumo, près Torricella, les Autrichiens ont fusillé toute la famille de Cignoli, composée de sept ou huit personnes, compris deux jeunes garçons, âgés de moins de 10 ans, parce qu'on avait trouvé dans cette maison des fusils allemands. A Casatioua, ils ont bâtonné et fusillé un jeune homme de 17 ans, parce qu'interrogé sur le point de savoir s'il y avait des Français à Montebello, il aurait répondu que non. Ils ont arrêté l'adjoint de Pinerolo (province de Voghera), menaçant de le fusiller si le maire ne les avisait pas du mouvement des Français.

Les Français ont occupé Casteggio et ils s'y fortifient. Hier, S. A. I. le prince Napoléon est parti à dix heures de Gênes pour Livourne.

Ces jours derniers sont arrivés à la poste de Turin quelques lettres adressées à des officiers de l'armée autrichienne ; le gouvernement du roi a fait remettre ces lettres au comte Brassier de Saint-Simon, envoyé extraordinaire et ministre plénipotentiaire de S. M. le roi de Prusse près notre cour, avec prière de les faire parvenir aux destinataires.

N° 46. TURIN, 23 mai au soir. — Ce matin, nous avons échangé une courte fusillade avec les avant-postes ennemis de Palestro. En dernier lieu, les Autrichiens se sont retranchés derrière les barricades. Rien de nouveau.

N° 47. TURIN, 24 mai au matin.—Hier soir, les ennemis ont poussé une reconnaissance sans aucun résultat contre les nôtres à Borgho Vercelli. Un officier morave du régiment Grueber a été fait prisonnier et envoyé à Turin. Le général Garibaldi a passé heureusement le Tessin.

Nous apprenons que déjà dans les pays voisins de la frontière, il a fait plusieurs prisonniers qui ont été conduits au delà de la frontière.

N° 48. TURIN, 24 mai, 3 h. 1/2 de l'après-midi.—L'Empereur des Français va partir pour Voghera, où il établira son quartier-général. Toute la garde impériale doit le suivre. Ce mouvement a été retardé, parce qu'on attendait la cavalerie de la garde, dont les têtes de colonnes sont arrivées.

N° 49. TURIN, 24 mai au soir.—Le général Garibaldi a fait encore 47 prisonniers. Hier, le bateau autrichien *Ticino* s'est approché d'Istra, demandant qu'on lui livrât deux individus retenus prisonniers comme espions. La générale a battu, le tocsin a sonné. La garde nationale est accourue en grand nombre des pays voisins. Le *Ticino* s'est alors éloigné faisant feu contre l'île de San Giovani et contre la Castagnola. Aucun des nôtres n'a été blessé.

Après la nouvelle, déjà connue, que le général Giulay a transféré son quartier-général à Garlasco, le bulletin ajoute :

« Parme est dans une grave appréhension, à cause des fureurs de la soldatesque poussée à l'indiscipline par la réaction.

» Les Autrichiens qui étaient arrivés à Reggio se retirent avec les troupes d'Est à Brescello, où le duc fait des préparatifs de défense, abattant les arbres et inondant les plaines. »

N° 50. TURIN, 25 mai au matin.—Hier au matin, le général Garibaldi était à Varèse ; l'annonce de l'arrivée des premières troupes libératrices a excité un grand enthousiasme. Les populations se prononcent partout pour le roi Victor-Emmanuel et pour la cause nationale.

AVIS

MM. les Souscripteurs qui désireront se procurer le **Bulletin Officiel de l'Armée, première série** (du n° 4 au n° 50), devront envoyer au directeur du dépôt géographique, 18, rue de l'Ancienne - Comédie (Faubourg - Saint - Germain). le prix de 30 centimes en timbres-poste, et pour deux exemplaires, 50 centimes, par une lettre expressément AFFRANCHIE, ils le recevront FRANCO par le retour du courrier.

Paris. — Imp. de A. APPERT, passage du Caire, 56.

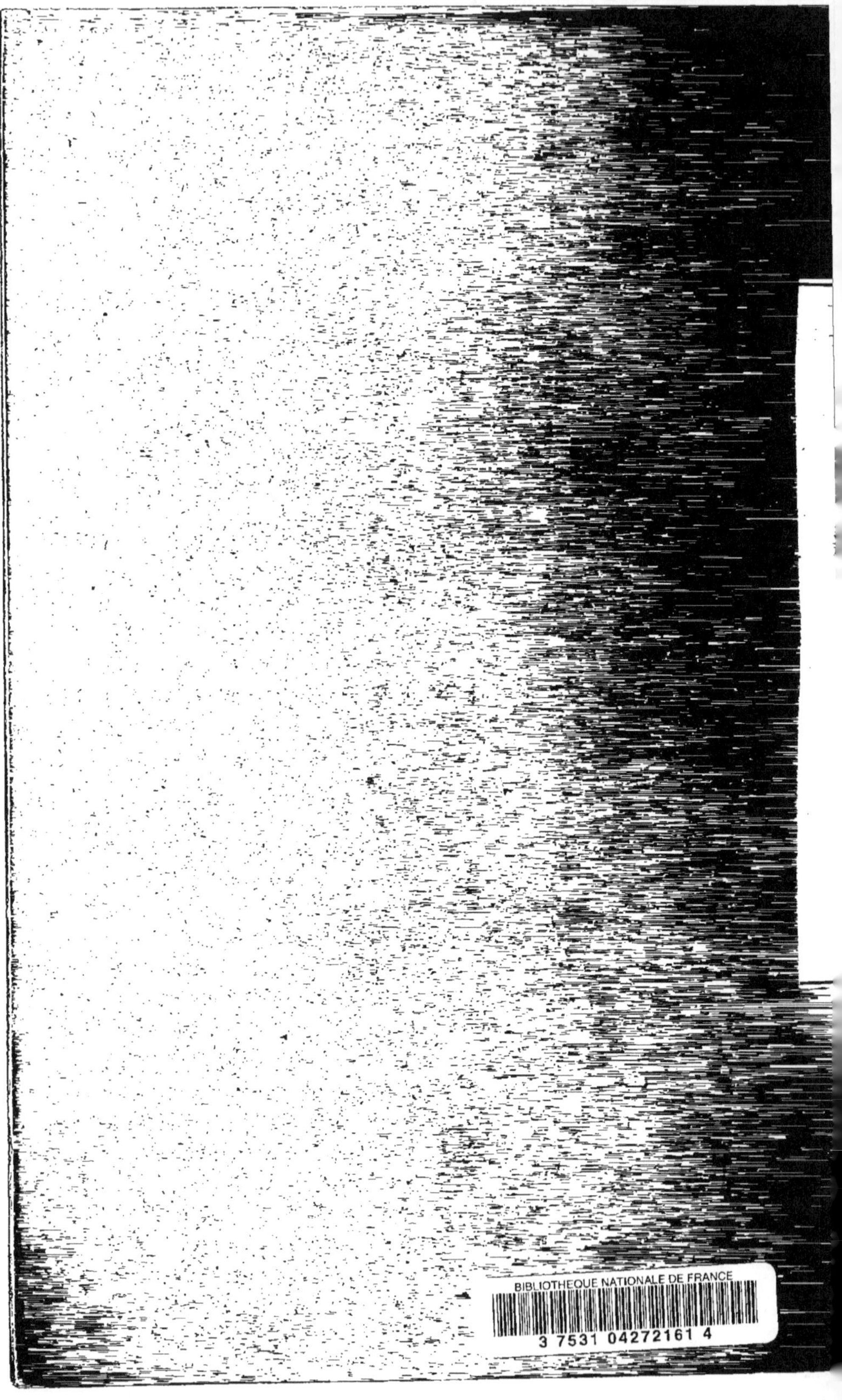

www.ingramcontent.com/pod-product-compliance
Lightning Source LLC
LaVergne TN
LVHW051133060726
842526LV00006B/2037